KB260877

함께 보면
보여요

함께 보면 보여요

시각 장애인을 돕는 올바른 방법

조남현 글 | 김대영 그림

판미동

| 차례 |

추천의 말

점자 도서관에 근무하는 저는 주위 사람들로부터 시각 장애인을 만났을 때 돕고 싶지만 어떻게 해야 좋을지 몰라 난처하다는 말을 듣곤 합니다. 보행이나 길 찾기를 비롯한 여러 상황에서 정안인(正眼人), 즉 비(非) 시각 장애인이 시각 장애인을 대할 때 어떻게 해야 좋을지 구체적으로 알려 주는 교재나 전문 서적이 이제껏 우리나라에 없었기 때문입니다.

그러한 현실에 비추어 볼 때 이 책의 출간은 무척 뜻있는 일입니다. 이 책은 정안인과 시각 장애인이 일상생활에서 겪을 법한 여러 가지 상황과 다양한 대처법을 독자가 알기 쉽게 그림으로 설명해 줍니다. 따라서 정안인이 이 책을 단 한번이라도 읽는다면 훨씬 친근하게 시각 장애인에게 다가설 수 있을 것입니다.

지금 우리 사회는 빠르게 변하고 있습니다. 시각 장애인들도 더 이상 가만히 앉아 있을 수만은 없게 되었습니다. 함께 세상을 보기 위해 정안인은 바로 알고 시각 장애인을 대해야 하며, 시각 장애인은 정안인에게서 받들림을 기대하는 대신 자신의 부족함을 인정하려고 노력해야 합니다.

오늘날 시각 장애인에게 필요한 것은 백가쟁명 식의 봉사활동이 아니라, 정안인과 시각 장애인이 서로 이해하도록 돕는 표준화된 길잡이입니다. 그러한 길잡이가 절실하게 필요한 시기에 나온 이 책이 정안인과 시각 장애인들 사이를 좁히는 데 기여할 것이라고 믿습니다.

대구 점자 도서관장
김진해

머리말

'관계'란 무엇일까요? 쉽게 정의 내릴 수 있는 것은 아니지만, 아마도 서로를 있는 그대로 인정하고 이해하며 조화를 이루려는 '사람과 사람 사이의 노력'이 아닐까 합니다.

이 책은 시각 장애인과 정안인이 만나고 관계를 맺어가는 데 도움이 되고자 씌어졌습니다. 시각 장애인은 정안인과 다르지 않지만, 똑같은 것은 결코 아닙니다. 이는 남성과 여성이 모두 고귀한 인격적 존재이지만 똑같은 사고방식과 생활양식을 가지고 있지 않은 것과 같습니다. 또한 같은 성별을 지닌 사람들이라도 저마다 자신만의 개성을 지니듯, 시각 장애인은 정안인과 다를 것이 없지만 다만 그 나름의 생활 양식과 문화를 지닐 뿐입니다. 이를 알고 이해한다면 누구나 좀 더 쉽게 시각 장애인과 친밀해질 수 있을 것입니다. 아무쪼록 시각 장애인과 정안인이 함께 세상을 보는 데 부족한 이 책이 조금이나마 도움이 되었으면 합니다.

　이 책의 그림을 그려 주신 김대영 님, 늘 우정 어린 충고를 아끼지 않는 양정훈 님, 그리고 이 책이 나오기까지 저보다 더 애써 주신 김진해 대구 점자 도서 관장님께 진심으로 감사드립니다.

2005년 10월

조남현 올림

올바른 호칭

시각에 장애가 있는 사람을 가리키는 데에는 다양한 호칭이 사용됩니다. 예를 들면 장님, 봉사, 소경, 실명자, 맹인, 시각 장애인, 시각 장애우 등 여러 가지입니다. 그러나 장님, 소경, 봉사 등은 인권 의식이 그리 발달하지 않았던 시대에 시각 장애인을 경시(輕視)하며 불렀던 호칭이므로, 시각 장애인들이 듣기에 불편합니다. 따라서 이러한 표현 대신 '맹인' 또는 '시각 장애인'이라고 부르시는 것이 좋습니다.

사실 맹인(盲人)이라는 한자어의 맹(盲) 자는 눈

목(目) 자 위에 망할 망(亡) 자를 붙여 놓은 것이라 썩 좋은 뜻은 아닙니다만, 시각 장애인들이 거부감을 느끼지 않는 말이므로 사용하셔도 괜찮습니다. 그래도 시각 장애인이라는 호칭이 가장 올바르고 듣기에도 편합니다.

• 정안인(正眼人): 시각 장애가 없는 사람
• 점자: 시각 장애인이 만져서 읽는 문자
• 묵자: 정안인이 눈으로 보고 읽는 문자

인사하기

정안인과 정안인이 만나서 인사할 때에는 흔히 상대방을 먼저 본 사람이 밝은 표정을 지으며 인사를 합니다. 그러나 시각 장애인은 상대방이 누구인지 시각적으로 확인하기 어려우므로 먼저 알아보고 인사하기가 쉽지 않습니다. 또한 눈인사나 표정 또는 고개를 숙이는 등 행동으로 하는 인사도 알아보기 어렵습니다. 그러므로 시각 장애인과 인사를 나눌 때에는 정안인이 먼저 다가가서 밝은 목소리로 상대방의 이름과 함께 자기 이름을 밝혀 주시는 것이 좋습니다.

예를 들어 "안녕하세요! 철수씨, 저 영희입니다."라고 인사하면 시각 장애인도 기분 좋게 인사를 나눌 수 있습니다.

인사할 때에는 이름도 함께 말하기

만약 정안인이 이름을 밝히지 않고 인사를 하면 시각 장애인은 인사하는 사람이 누구인지 모를 수도 있습니다. 따라서 오래 사귄 사이가 아니면 자기 이름을 밝히는 것이 좋습니다. 어떤 사람들은 시각 장애인이 목소리만 들어도 사람을 잘 알아맞힌다며 "저 누굴까요?"라고 하면서 한번 맞혀 보라고 권하기도 합니다. 그러나 이런 행동은 시각 장애인을 난처하게 하므로 삼가는 것이 좋습니다.

또한 시각 장애인에게 인사할 때 이름을 부르지 않으면 인사를 받는 사람은 자신에게 하는 인사인지, 아니면 다른 사람에게 하는 인사인지 혼동하기 쉽습니다. 이는 비단 사람이 많은 곳뿐 아니라 적은 곳에

♣ 시각 장애인을 안내하는 일은 결코 어렵지 않습니다. 정안인은 단지 자신의
팔꿈치만 시각 장애인에게 잡도록 하고 평소처럼 자연스럽게 걸으면 됩니다.

서도 마찬가지이므로, 시각 장애인과 인사할 때에는 인사를 받는 시각 장애인의 이름을 부르는 것이 좋습니다. 이름을 모르는 시각 장애인에게 인사할 때에는 상대방이 놀라지 않도록 자신의 이름을 밝힌 다음, 손이나 팔을 살짝 잡는 것도 좋은 방법입니다. 예를 들어 "안녕하세요. 저 영희입니다."라고 말한 후 손이나 팔을 살짝 잡으시면 됩니다.

대화하기

정안인과 시각 장애인이 단 둘이서 대화할 때에는 굳이 누구에게 건네는 말인지 밝힐 필요가 없습니다. 하지만 시각 장애인이 여러 사람이거나, 시각 장애인이 한 사람이라도 정안인 여럿이 함께 대화할 때에는 누구에게 말을 건네는지 밝히는 것이 좋습니다. 그러지 않으면 시각 장애인이 대화 도중에 혼란을 느낄 수도 있습니다.

예를 들어 시인이라는 시각 장애인과 정안1이라는 정안인, 정안2라는 정안인이 대화한다고 가정해 보겠

시인님
식사
하셨어요?
예
먹었습니다.
부탁했던 건
가지고 오셨죠?
어?
언제 부탁하셨죠?
근데.. 부탁하신 게
뭐였죠?

습니다. 정안1이 시인에게 "시인님! 식사하셨어요?"라고 말을 건넸습니다. 그래서 시인님이 "네, 먹었습니다."라고 정안1님에게 대답했습니다. 그때 마침 정안1이 잊고 있던 일을 갑자기 떠올리고 정안2를 바라보며 "부탁했던 것 가지고 오셨죠?"라고 말했습니다. 이때 시각 장애인인 시인은 분명 자신에게 물어보는 줄 알고 당황해서 "저, 언제 부탁하셨죠? 그런데 저한테 부탁하신 게 뭐였죠?"라고 정안1에게 되물을 것입니다.

말을 건네기 전에 꼭 상대방의 이름 부르기

이처럼 시각 장애인이 포함된 다수와 대화를 나눌 때에는 시각 장애인뿐 아니라 정안인에게 말을 건넬 때에도 누구에게 하는 말인지 정확히 밝혀야 합니다. 그래야 시각 장애인이 혼란을 겪지 않고 자신 있게 대화에 참여할 수 있습니다. 따라서 처음 대화를 시작할 때 자신의 이름을 밝히며 누구에게 건네는 말인지 명확히 밝히면 시각 장애인이 알기 쉽습니다. 첫 번째 그림과 같은 상황이라면 "시인님! 정안1입니다. 식사하셨어요?"라고 말하는 것이 좋습니다.

정안인이 시각 장애인과 대화할 때 흔히 하는 실수 가운데 하나는 정안인과 말할 때처럼 '이 사람, 저 사람, 이쪽, 저쪽, 여기, 저기, 이것, 저것' 등 추상적이고 지시적인 단어를 사용하는 일입니다. 시각 장애인은 이러한 단어들이 무엇을 가리키는지 파악하는 데 어려움을 느낄 수도 있습니다. 따라서 위와 같은 지시 대명사 대신 정확히 '철수, 영희, 앞쪽, 뒤쪽, 주방, 서점, 피아노, 카세트'처럼 가리키는 대상을 정확히 밝히는 것이 좋습니다.

지시 대명사 대신 정확한 이름으로 가리키기

또한 시각 장애인이 보지 못한다고 해서 일부러 시각적인 화제를 피할 필요는 없습니다. 시각 장애인도 충분히 시각적인 주제에 관한 대화에 참여할 수 있습니다. 오히려 그러한 주제를 피하려는 정안인의 행동이 시각 장애인으로 하여금 불편을 느끼게 할 수도 있으므로, 편하게 이야기하며 시각적인 부분을 설명해 주시는 것이 바람직합니다. 간단히 실제적인 예를 들어 보겠습니다. 만약 정안인과 시각 장애인이 함께 노을이 지는 광경을 본다면 "노을이 참 예쁘게 지네요! 아 참! 미안해요!"라며 대화를 중단하는 것보다 "노을이 참 예쁘게 지네요! 마치 하늘에 장미를 뿌려 놓은 것 같아요!"라고 시각 장애인에게 묘사해 주는 편이 낫습니다.

정안인과 시각 장애인이 대화할 때 흔히 볼 수 있는 실수가 또 한 가지 있습니다. 바로 대화 도중 아무 말 없이 자리를 뜨는 일입니다. 정안인들이 대화할 때에는 한쪽이 말하다가 자리를 비우면 대화가 저절로 중단됩니다. 하지만 시각 장애인은 정안인이 아무 말 없이 자리를 비우면 그 사실을 모른 채 혼자 계속 이야기할 수도 있습니다. 자기 혼자서 얘기하고 있다는 사실을 나중에 알게 된 시각 장애인은 정안인이

아무 말 없이 자리를 비운 것보다, 자기 혼자서 이야
기하는 실수를 저질렀다는 생각에 기분이 무척 상하
게 됩니다. 그러므로 대화 도중 급한 일이 있어 자리
를 비워야 할 경우에는 시각 장애인에게 알린 다음
자리에서 움직이고, 용무가 끝나 다시 돌아오면 돌아
왔다고 말로 표현하는 것이 좋습니다. 이는 비단 시
각 장애인을 대할 때뿐 아니라 사회인으로서 지켜야
할 당연한 예절일 것입니다.

기본 안내법 자세

시각 장애인을 만나 동행할 때 어떻게 안내해야 할지 몰라 난처하다는 정안인이 많습니다. 어떤 사람은 시각 장애인의 흰 지팡이나 옷자락, 팔 등을 잡아끌기도 하고 어떤 사람은 심지어 등 뒤에서 감싸 안다시피 하며 밀기도 합니다. 이러한 행동은 시각 장애인에게 매우 위험할 뿐만 아니라 인격적 모독을 느끼고 기분이 상하게 할 수도 있으므로, 오히려 돕지 않는 편이 나은 상황이 생길 수도 있습니다. 그러면 어떻게 안내하는 것이 가장 좋은 방법일까요?

♣ 시각 장애인을 안내하는 일은 결코 어렵지 않습니다. 정안인은 단지 자신의 팔꿈치만 시각 장애인에게 잡도록 하고 평소처럼 자연스럽게 걸으면 됩니다.

시각 장애인마다 좋아하는 안내법이 있기는 하지만(손을 잡고 가거나, 팔짱을 끼거나, 어깨에 손을 얹고 가는 방식 등), 가장 좋은 방법은 정안인이 시각 장애인보다 반걸음 앞에 나란히 서 있는 자세에서 시각 장애인으로 하여금 정안인의 팔꿈치를 잡게 하는 것입니다. 이방법을 보행학에서는 '기본 안내법 자세'라고 합니다. 기본 안내법 자세는 시각 장애인이 정안인의 팔을 잡은 손을 통해 정안인 신체의 움직임을 가장 잘 느낄 수 있는 자세입니다. 따라서 안내하는 도중에 주변 환경이 변해도 시각 장애인이 환경에 적절하게 대처할 수 있습니다. 그래서 시각 장애인을 안내할 때에는 기본 안내법 자세를 가장 많이 사용하며 일반적으로 가장 권장합니다.

♣ 밀거나 잡아끄는 행동은 위험합니다.

안내의 시작, 끝, 그리고 중단

정안인이 보기에 시각 장애인이 어려움을 겪고 있거나 다른 이의 안내를 필요로 할 것 같은 상황이 있습니다. 그럴 때 무작정 흰 지팡이나 옷자락을 잡아끌거나, 뒤에서 감싸 안다시피 하고 밀면 시각 장애인이 당황하거나 불쾌해 할 수도 있습니다.

그러므로 시각 장애인을 돕고자 할 때에는 먼저 곁에 다가가 "도와드릴까요?" 또는 "안내해 드릴까요?"라고 묻는 것이 좋습니다. 이때 시각 장애인이 도움을 요청하면 시각 장애인의 팔을 살짝 잡고 "제 팔을

잡으세요."라고 말하면 됩니다. 그러면 시각 장애인이 정안인의 팔을 쉽게 찾아 잡을 수 있습니다. 또한 안내하는 도중에 주변 환경을 설명해 주면 시각 장애인이 보행하는 데 큰 도움이 되므로 간간이 주변 환경을 설명하는 것이 좋습니다.

목적지까지 안내를 마친 후에도 시각 장애인이 이해하기 쉽게 도착지의 주변 환경을 설명해 주시면 큰 도움이 됩니다. 만약 시각 장애인이 도착지에 혼자 있어야 한다면 공개된 장소보다는 의자나 벽처럼 안전한 곳에 머물도록 안내하는 것이 좋습니다. 목적지가 건물일 경우에는 건물 출입문의 손잡이에 시각 장애인의 손이 닿도록 하고 안내를 마치는 것이 좋습니다.

시각 장애인을 안내하는 도중에 부득이하게 안내를 중단하고 다른 일을 처리해 할 경우가 생길 수도 있습니다. 그럴 때에는 안내하던 시각 장애인을 사방이 트인 장소보다는 의자나 벽 같이 안정감을 주는 곳에 머물도록 하고 일을 처리하러 가는 것이 좋습니다. 이렇게 하면 다른 보행자나 차량이 일으킬 수 있는 위험으로부터 시각 장애인을 보호할 수 있기 때문입니다. 이때에도 시각 장애인에게 본인이 머물러 있는 위치와 주변 환경을 설명하는 것을 잊지 마셔야 합니다. 물론, 가능하다면 안내 도중 시각 장애인을 떠나지 않는 것이 가장 좋은 방법이지만 말입니다.

좁은 길 지나가기

시각 장애인과 함께 걷다 보면 좁은 복도, 장애물이 놓인 도로, 사람이 많은 길 등 안내하는 정안인이 나란히 걷기 힘든 곳이 있습니다. 이때 무리해서 나란히 걸으려고 하거나, 앞에 나서서 시각 장애인을 잡아끌며 안내하시거나, 시각 장애인의 뒤에 서서 미는 행동 등은 매우 위험합니다. 시각 장애인과 함께 좁은 길을 안전하게 지나가려면 어떻게 해야 할까요?

정안인은 안내하는 기본자세를 계속 유지한 채로 시각 장애인이 잡은 팔만 뒷짐 지듯 자연스럽게 뒤로

돌리면 됩니다. 그러고 나서 "길이 좁아집니다. 제 뒤로 서세요!"라고 말하면 시각 장애인은 기본 안내법 자세를 풀지 않은 채 정안인의 등 뒤에 서서 걷게 됩니다. 이렇게 하지 않으면 시각 장애인이 벽이나 장애물, 또는 지나가는 사람과 부딪쳐 다칠 수도 있습니다.

계단 오르내리기

많은 정안인들이 시각 장애인과 함께 걷다가 계단이 나타나면 무척 당황하곤 합니다. 그러나 도시에서 살아가며 계단을 피해 걸을 수는 없습니다. 시각 장애인과 함께 안전하게 계단을 오르내릴 때에는 어떻게 해야 할까요?

해답은 의외로 쉽습니다. 기본 안내법 자세를 유지하며 걷다가 계단 앞에서 잠시 멈춘 다음, 시각 장애인에게 올라가는 계단인지 내려가는 계단인지 알려 주고 나서 계단을 오르내리면 됩니다. 이때 정안인이 올라가는 계단인지 내려가는 계단인지 말해 주지 않으면 시각 장애인은 자칫 발을 헛디뎌 넘어질 수도 있으므로, 계단의 방향을 정확히 알려야 합니다.

위 그림을 예로 들어 설명해 보겠습니다. 정안인과 시각 장애인이 함께 계단을 올라가야 하는 상황입니다. 계단은 크게 두 부분으로 나뉘어 위에 여덟 단, 아래에 여덟 단 총 열여섯 단이 있고 중간에는 세 걸음 남짓 되는 빈 공간이 있습니다. 이때 네 단계 안내

요령이 필요합니다. 첫째, 기본 안내법 자세로 아래 계단 앞까지 와서 일단 멈춘 다음 정안인이 "올라가는 계단입니다."라고 말하고 앞서 계단을 올라갑니다. 둘째, 아래 계단의 마지막 단에 올라서면 "계단이 끝났습니다."라고 말하고 시각 장애인이 계단을 다 올라왔는지 확인합니다. 셋째, 세 걸음 정도 걸어 빈 공간을 지나서 위 계단 앞에 멈춘 다음 "다시 올라가는 계단입니다."라고 말하고 위 계단을 올라갑니다.

넷째, 계단이 끝나는 곳에 멈춰 "계단이 완전히 끝났습니다."라고 말합니다. 내려가는 계단 역시 동일한 방식으로 안내하면 됩니다. 만약 두세 단 정도 되는 낮은 계단이라면 단의 개수를 알려 주는 것이 좋습니다.

때때로 시각 장애인이 계단 오르내리기를 힘들어하는 경우가 있습니다. 이럴 때에는 시각 장애인이 한 손으로 정안인의 팔을 잡고 다른 손으로는 난간을 잡고 천천히 오르내릴 수 있도록 도우면 됩니다.

에스컬레이터 이용하기

과학 기술이 발달한 오늘날 에스컬레이터는 어디에서나 쉽게 볼 수 있는 편의 시설입니다. 시각 장애인과 동행하다 보면 에스컬레이터를 자주 이용하게 되지만, 적절한 이용법을 몰라 어려움을 겪는 일이 많습니다. 이번에는 에스컬레이터에서 시각 장애인을 안내하는 방법을 자세히 설명해 보겠습니다.

에스컬레이터는 움직이는 계단입니다. 따라서 정안인은 에스컬레이터에 서둘러 올라서지 말고 시각 장애인과 보조를 맞춰 천천히 이용하는 것이 좋습니

다. 에스컬레이터를 이용해야 할 때에는 먼저 시각 장애인에게 올라가는지 내려가는지 방향을 알려 주고 나서 기본 안내법 자세로 에스컬레이터 앞에 섭니다. 다음으로 시각 장애인이 정안인의 팔을 잡지 않은 자유로운 손을 에스컬레이터의 움직이는 난간에 얹도록 합니다. 그러고 나서 "올라서세요."라고 말하고 함께 천천히 에스컬레이터에 올라서면 됩니다.

이때 앞에서 잡아끌거나 뒤에서 안다시피 하고 미는 등의 행동은 위험할 뿐만 아니라 시각 장애인의 기분을 상하게 하고 불안감을 줄 수 있으므로 피하는 것이 좋습니다. 에스컬레이터에서 내려설 때에도 역시 기본 안내법 자세를 그대로 유지하면서 "내리세요."라고 말하면 됩니다.

두 사람 이상 안내하기

시각 장애인을 안내할 때에는 '일 대 일 안내'가 원칙입니다. 하지만 안내할 정안인이 부족해 부득이하게 정안인 한 명이 시각 장애인을 두 명 이상 안내해야 한다면 체인(사슬) 방식을 사용합니다. 이 방식은 시각 장애인 한 명이 정안인의 팔을 기본 안내법 자세로 잡고 다른 시각 장애인으로 하여금 자신의 자유로운 팔을 같은 자세로 잡게 하는 방식입니다.

예를 들어 정안이라는 정안인과 시인1, 시인2라는 시각 장애인 두 명이 체인 방식으로 걷는다고 가정해

보겠습니다. 이때 시인1은 정안의 팔을 기본 안내법 자세로 잡고, 시인2는 시인1의 자유로운 팔을 같은 방식으로 잡고 나란히 걸으면 됩니다.

체인 방식을 사용하는 일행은 길을 넓게 차지하므로 다른 보행자에게 불편을 끼치지 않도록 주의해야 합니다. 또한 정안인으로부터 멀리 떨어진 시각 장애인이 다치지 않도록 주의를 기울여야 합니다. 체인 방식 안내법은 좁은 길을 여럿이 지나갈 때 특히 편리합니다.

안내의 목적과 원칙

시각 장애인이 걷는 방식은 여러 가지입니다. 흰 지팡이를 이용한 지팡이 보행, 실내에서 주로 자신의 팔이나 손 등을 이용해 스스로를 보호하며 걷는 자기 보호법, 전자 기구를 이용한 전자 기구 보행, 안내견을 이용한 안내견 보행, 다른 사람의 도움을 받아 걷는 안내 보행 등이 있습니다.

위와 같은 여러 가지 보행법에는 반드시 지켜야 할 공통적인 원칙이 있습니다. 그 원칙이란 첫째 안전성, 둘째 효율성, 셋째 우아함, 넷째 독립성입니다. 정안인과 함께 걸을 때 주로 이용하는 안내 보행에서도 이 네 가지 원칙을 고려해 시각 장애인을 안내하는 것이 바람직합니다. 이제 앞서 말한 네 가지 원칙을 안내 보행과 연결시켜 조금 더 자세히 설명해 보겠습니다.

첫 번째 원칙인 안전성은 시각 장애인을 안내하며 함께 걸을 때 무엇보다 안전을 최우선으로 고려해야 한다는 뜻입니다. 예를 들어 시각 장애인과 함께 인도를 걸을 때 정안인은 차도로부터 멀리 떨어진 인도 안쪽에 시각 장애인이 서도록 하고, 장애물이 있으면 장애물이 없는 쪽에 서도록 배려해야 합니다. 이는 시각 장애인이 차도 쪽에 서서 걸으면 차량의 소음 탓에 보행에 어려움을 겪기 때문이며, 장애물이 없는 쪽에 서게 하는 이유는 환경 변

화에 민감하게 반응하지
못하는 시각 장애인을 장
애물로부터 보호할 수 있
기 때문입니다.

　두 번째 원칙인 효율성
이란 목적지에 닿을 때까
지 소비하는 에너지와 시
간을 고려해 보행로를 선
정해야 한다는 뜻입니다. 이때 물론 시간과 에너지를
중요시한 나머지 안전을 무시해도 된다는 말은 아닙
니다. 반드시 첫 번째 원칙인 안전성을 유념하고 보행
로를 선택해야 합니다. 다만 시각 장애인은 복잡하고
어려운 곳으로 잘 걸을 수 없을 거라 짐작한 나머지
계단이나 언덕 등을 피해 목적지까지 가는 길을 고를
필요는 없다는 뜻입니다. 지나친 보호는 시각 장애인
과 더불어 안내하는 정안인의 에너지와 시간까지 낭
비하게 만듭니다.

　세 번째 원칙인 우아함은 안내하는 자세가 타인이

보기에도 우아해야 한다는 말입니다. 지나치게 어색하거나 눈살을 찌푸리게 하는 안내 자세는 좋지 않습니다.

네 번째 원칙인 독립성은 시각 장애인이 안내를 받고 있는 중이라도 언제든지 거절할 수 있다는 뜻입니다. 정안인에게 도움을 받아 걷는 것은 시각 장애인이 자신의 의지에 따라 선택하는 일이므로 시각 장애인이 원치 않는 안내를 강권하면 안 됩니다.

안내의 원칙과 더불어 잊지 말아야 할 또 한 가지는 안내의 목적입니다. 안내의 목적은 두 가지입니다. 첫

째는 시각 장애인이 안전하고 효율적으로 목적지에
도착할 수 있게 하는 것이고, 둘째는 다음번에 시각
장애인이 독립 보행을 할 수 있도록 돕는 것입니다.
즉, 시각 장애인이 같은 곳을 다시 찾을 때 다른 사람
의 도움 없이 혼자 올 수 있도록 돕는다는 뜻입니다.

정안인은 위와 같은 목적을 유념하고 안내하는 도
중에 주변의 특징적인 단서를 시각 장애인에게 설명
해 주는 것이 좋습니다. 아이들이 노는 놀이터나 음악
소리가 들려오는 음반 가게 같은 청각 단서, 중국 음
식점이나 제과점 같
은 후각 단서, 또는
다음번에 혼자 와서
다른 사람에게 물어
알 수 있는 큰 건물
이나 구조물 등을
안내 도중 잊지 말
고 설명해 주는 일
은 매우 중요합니다.

자리 권하기

식당이나 극장, 대중 교통수단 등 자리에 앉아서 이용하는 시설은 매우 많습니다. 이런 곳에서 시각 장애인에게 자리를 권하고자 할 때에는 시각 장애인의 독립성을 최대한 존중하며 돕는 것이 좋습니다.

그림을 이용해 자세히 설명해 보도록 하겠습니다. "이쪽으로 앉으세요." 같은 말로 자리를 권하면 시각 장애인은 제대로 자리를 찾아 앉기 어렵습니다. 시각 장애인에게 자리를 권할 때에는 먼저 기본 안내법 자세를 이용해 앉을 자리로 함께 이동합니다. 앉을 자리

에 도착하면 시각 장애인이 한 손은 의자 등받이에
얹고 다른 손은 이용할 탁자의 가장자리에 손등이 닿
도록 인도하면 됩니다. 이렇게 하면 시각 장애인은 앉
을 위치와 방향을 확인할 수 있을 뿐 아니라, 탁자 위
에 놓여 있는 물건을 건드려 넘어뜨리거나 손상시키
는 일을 피할 수 있습니다. 또한 등받이에 손을 대면
시각 장애인 스스로 의자를 빼고 자리에 앉을 수 있
으므로 의자를 대신 빼 주는 지나친 친절은 베풀지
않는 편이 낫습니다. 자칫 시각 장애인으로 하여금 의

자의 위치를 잊고 넘어지게 할 수도 있기 때문입니다.
이때 시각 장애인을 조금 더 돕고 싶다면 의자에 아
무것도 없는지 확인하고 "의자에 아무것도 없습니다.
그냥 앉으셔도 됩니다."라고 말하는 것으로 충분합니
다. 이렇게 하면 혹시 의자 위에 물건이 놓여 있어도
그 위에 앉는 일을 방지할 수 있습니다.

그런데 의자는 없고 탁자만 있는 곳, 또는 의자도
탁자도 없는 곳에서는 어떻게 자리를 권해야 할까요?
탁자만 있는 곳에서는 탁자의 크기를 설명하고 시
각 장애인의 한쪽 손등이 탁자 가장자리에 닿도록 하

면 됩니다. 이때 탁자 위에 손상될 만한 물건이 있으면 미리 치우는 것이 좋으며, 치울 수 없으면 시각 장애인에게 물건의 위치를 정확히 설명하고 직접 만져 볼 수 있도록 하는 것이 좋습니다.

탁자도 의자도 없는 곳에서는 시각 장애인에게 공간의 크기와 방향을 설명하고 사방이 트인 곳보다는 벽처럼 안정감을 주는 곳에 자리를 마련하는 것이 좋습니다.

함께 식사하기

시각 장애인과 함께 식사할 때에는 음식 그릇의 위치를 시계 방향 또는 전·후·좌·우 등 일정한 방향으로 설명하면서 시각 장애인이 자기 수저로 그릇 위치를 직접 확인할 수 있도록 도와주는 것이 좋습니다. 예를 들면 "세 시 방향에 김치가 있습니다."라고 말하며 시각 장애인이 수저를 든 손으로 그릇 위치를 확인하도록 하면 됩니다.

정안인들 가운데에는 젓가락질에 불편을 겪는 시각 장애인의 모습을 보고 대신 반찬을 집어 주는 사람도 있습니다. 그러나 시각 장애인은 이러한 행동을 일종의 스토킹으로 받아들일 수도 있습니다. 누군가 자신을 지켜보고 있다는 느낌을 받으면 음식을 먹기가 불편하므로 이러한 행동은 피하시는 것이 좋습니다. 만약 반찬을 집어 주고 싶다면 먼저 시각 장애인에게 물어본 다음 당사자의 의사에 따라야 할 것입

♣시각 장애인과 함께 식사할 때에는 음식의 위치를 바꾸지 않는 편이 좋습니다.

니다.

과일이나 차를 함께할 때에는 시각 장애인에게 "두시 방향에 과일이 있습니다."라고 방향을 설명하고 접시나 찻잔을 직접 만지게 하면 됩니다. 뜨거운 차를 마실 경우에는 "찻잔이 뜨겁습니다."라고 미리 알린 다음, 찻잔 손잡이에 손이 닿도록 하는 것이 좋습니다.

시각 장애인과 정안인이 함께 식사하다 보면 시각 장애인의 젓가락이 자주 가는 음식을 가까운 쪽으로 옮겨 주시는 분들이 적지 않습니다. 그러나 이렇게 하면 시각 장애인은 본래 파악하고 기억해 둔 음식의 위치가 바뀌어 잘 먹지 못하고 오히려 다른 음식의 위치까지 혼동하기 쉽습니다. 따라서 식사 도중에 음식을 옮기는 행동은 피하시는 것이 좋습니다.

♣시각 장애인 중에는 정안인이 반찬을 집어 주기를 원하는 사람도 있습니다. 이때 시각 장애인의 독립성을 배려해 거절하는 정안인도 있지만, 시각 장애인이 항상 타인에게 도움을 받아가며 생활하는 것은 아닙니다. 그러므로 시각 장애인이 바라는 대로 돕는다고 해도 그 사람의 독립성을 해치지는 않습니다.

♣음식을 고를 때에는 차림표를 읽되 음식의 이름과 가격을 함께 말하는 것이 시각 장애인이 음식을 고르는 데 도움이 됩니다. 만일 음식에 먹을 수 없는 장식이 들어 있으면 시각 장애인에게 설명하고 나서 제거하는 것이 좋습니다.

교통수단 이용하기

시각 장애인을 안내할 때 정안인의 지나친 친절은
오히려 위험을 초래할 수도 있습니다. 대표적인 예가
바로 시각 장애인이 차를 탈 때 차 문을 열어 승차를
돕는 일입니다. 이렇게 차 문을 열어 주는 지나친 친
절은 오히려 시각 장애인으로 하여금 문이 얼마만큼
열려 있는지 몰라 차 문에 부딪치게 할 수도 있으므
로 피하는 것이 좋습니다. 시각 장애인의 승차를 도
울 때에는 한 손을 차 문 손잡이에 닿게 하는 것으로
충분합니다. 그러면 시각 장애인은 차 문의 위치를

파악하고 스스로 차에 탈 수 있습니다.

한편 정안인이 시각 장애인을 차에 태우려고 할 때 경적을 울려 차가 있는 곳까지 오게 하는 경우가 있습니다. 이렇게 하면 시각 장애인이 정확히 위치를 찾기도 힘들뿐더러, 교통이 혼잡한 곳에서는 자칫 위험에 처할 수도 있습니다. 따라서 시각 장애인을 차에 태울 때에는 당사자 바로 앞에 정차한 다음, 차에서 내려 시각 장애인을 차로 안내하는 것이 좋습니다. 이때도 차 문의 손잡이에 시각 장애인의 손을 접촉시켜 스스로 문을 열고 타도록 돕는 것이 좋습니다.

시각 장애인이 차 문을 열고 승차할 때 차종이 승용차인지 승합차인지 알려 주면 승차에 도움이 됩니다. 차종에 따라 문의 높이와 크기가 다르기 때문에 시각 장애인이 차종을 알면 고개를 숙이거나 발을 올려놓기가 훨씬 수월합니다.

시각 장애인이 하차할 때에는 목적지로부터 한참 떨어져 있는 곳, 목적지에 닿기 전에 길을 건너거나 모퉁이를 돌아야 하는 곳은 피하는 것이 좋습니다. 하차는 목적지 바로 앞에서 하는 것이 좋고, 차에서 내린 후에는 내린 곳의 주변 환경을 설명해 주면 훨씬 도움이 됩니다. 목적지가 건물이라면 정안인이 직접 내려서 건물 출입구까지 안내하고 출입문 손잡이에 시각 장애인의 손이 닿도록 한 다음 안내를 마치는 것이 좋습니다.

버스나 지하철 같은 대중교통을 이용할 때 빈자리가 없으면 시각 장애인이 손잡이만 잡도록 하면 됩니다. 시각 장애인은 보이지 않을 뿐, 서 있는 데 아무런 문제가 없으므로 정안인이 무리해서 자리를 마련

할 필요는 없습니다. 그런데 시각 장애인이 홀로 버스나 지하철을 이용할 경우, 자리가 비었는데도 보이지 않아 혼자만 서서 가는 경우가 종종 있습니다. 이때 "이쪽에 자리가 비어 있네요."라고 말로만 자리를 권하기보다, 가까이 다가가 빈자리가 있다고 알린 다음 시각 장애인의 의사를 물어 앉고 싶다고 하면 자리에 앉도록 돕는 것이 좋습니다.

시각 장애인과 함께 지하철을 탈 때에는 안전하게 안전선 안쪽에 서 있다가 다른 승객이 다 내린 후 승강장과 지하철 사이의 틈 앞에서 잠시 멈춰야 합니다. 그런 다음에 틈이 몇 센티미터, 또는 몇 발자국 떨어져 있는지 설명하고 기본 안내법 자세로 지하철에 오르면 됩니다.

버스 정류장에서 시각 장애인이 도움을 청할 때에는 먼저 안전하게 인도 위로 올라서도록 해야 합니다. 그러고 나서 시각 장애인이 타고자 하는 버스가 오면 "버스가 왔네요!"라고 말로만 알려 주는 것보다, 버스 승강구까지 안내해 주는 것이 좋습니다. 혹

시 버스 타는 일을 도와주기로 했는데 급한 일이 생겨 자리를 떠야 한다면 다른 사람에게 부탁해 도움을 연결시켜야 합니다. 만일 도움을 연결시켜 주지 못할 경우(주위에 아무도 없을 경우)에는 시각 장애인에게 양해를 구하고 "제가 급한 일이 생겨 도와 드리기 어렵겠네요. 지금은 주변에 아무도 없으니 다른 사람이 오면 부탁하세요."라고 알려 주어야 합니다. 그러지 않고 아무 말 없이 자리를 뜨면 시각 장애인은 안내자가 떠난 줄 모르고 계속 버스를 기다리게 됩니다.

버스 오면 알려 주실래요?
그러죠.
1시간 후
저... 아직도 안 왔나요?

물건 사기

오늘날 쇼핑은 필요한 생활용품을 사는 일상생활에서 한걸음 나아가 여가를 즐기는 문화생활로서 기능하고 있습니다. 그러나 시각 장애인은 이러한 쇼핑이 어렵다고 느낄 때가 많습니다. 시각 장애인이 편히 쇼핑할 수 있도록 올바르게 안내하는 배려가 부족하기 때문입니다.

시각 장애인과 함께 쇼핑할 때에는 물건을 대신 사다 주는 것보다 물건이 진열된 곳으로 안내한 다음, 시각 장애인이 직접 손으로 만져 보게 하는 것이 좋

습니다. 그런 다음 물건의 색깔, 상표, 특징 등을 설명
하고 다른 상표의 물건과 어떻게 다른지 특성을 설명
해 주면 물건을 고르는 데 큰 도움이 됩니다. 또한 다
른 사람들의 선호도를 이야기해 주면 물건을 고를 때
참고할 수 있습니다.

살 물건을 정하면 계산대로 안내해 값을 치르도록
도와주면 됩니다. 만약 거스름돈을 받아야 한다면

“거스름돈은 1,000원짜리 한 장, 500원짜리 한 개, 100 원짜리 세 개, 합쳐서 총 1,800원이에요.”라고 상세히 설명하는 것이 올바른 방법입니다. 이때 금액에 맞는 동전이나 지폐를 하나씩 시각 장애인의 손에 직접 건네주는 것이 좋습니다.

여러 가지 문화생활

시각 장애인은 대개 영화나 스포츠 관람 같은 문화
생활과 관계가 없다고 생각하는 분들이 많습니다. 그
러나 시각 장애인 중에도 많은 이들이 문화생활을 즐
기고 싶어 하고, 이미 일상생활에서 다양한 형태로
문화의 혜택을 누리고 있습니다. 구체적인 예로 시각
장애인임에도 야구 중계를 시청하거나, 영화나 연극
을 관람하거나, 볼링을 치거나, 등산을 하는 이들을
얼마든지 볼 수 있습니다. 하지만 이처럼 시각 장애
인이 정안인과 함께 문화생활을 즐기려면 정안인의

도움이 필요합니다. 여기에 대해 자세히 설명해 보겠습니다.

운동 경기장이나 영화관처럼 좌석에 앉아 관람해야 하는 시설은 보통 관람석이 전면을 향해 가로로 놓여 있습니다. 이런 곳에서 자리를 찾아 앉을 때에는 우선 정안인이 기본 안내법 자세를 유지하며 먼저

자리에 들어가야 합니다. 자리에서 일어나 나올 때에
는 들어갈 때와 마찬가지로 정안인이 먼저 일어서서
시각 장애인 앞에 선 다음, 시각 장애인을 일어서게
해 기본 안내법 자세로 나옵니다. 이때 다른 사람의
발을 밟지 않도록 주의해야 합니다.

자리에 앉아 관람하기 앞서 시설의 넓이와 모양,
통로 위치, 스피커와 스크린 또는 무대 위치 등을 시
각 장애인에게 설명해 주는 것이 좋습니다. 그러지
않으면 시각 장애인은 무대가 아니라 소리가 나는 쪽
을 향해 고개를 돌리고 바라보는 '소리바라기' 또는
'스피커바라기'가 될 수도 있기 때문입니다. 관람하
는 동안 시각 장애인이 이해하기 힘든 표정이나 행동
이 나오면 해당하는 장면을 요약해 간단히 설명해 주
는 것도 좋습니다.

정안인과 시각 장애인이 문화생활을 함께 즐기려
면 무엇보다 시각 장애인도 문화생활을 즐기고 싶어
하며, 정안인의 작은 도움으로도 충분히 가능하다는
사실을 이해하는 것이 중요합니다.

비상구가 어느 쪽인지 알려 주는 것도 중요합니다. 뜻하지 않은 사고로 안내하는 정안인과 떨어지게 되더라도 시각 장애인 스스로 비상구를 찾아 몸을 피해야 하니까요.

안내견 대하는 법

여러 민간단체들이 시각 장애인 안내견을 양성하고 보급한 결과, 이제 우리나라에서도 종종 시각 장애인 안내견을 만날 수 있게 되었습니다. 안내견을 본 사람들은 저마다 다른 반응을 보입니다. 어떤 사람은 안내견의 큰 몸집 때문에 피하기도 하고, 어떤 사람은 안내견의 귀여운 생김새 때문에, 또는 사람을 안내하는 행동이 신기하다는 이유로 가까이 다가가 쓰다듬기도 합니다. 그러나 시각 장애인 안내견에 대한 지식이 없어 잘못된 행동을 하는 사람이 적지 않

습니다. 시각 장애인 안내견을 대할 때에는 다음 세 가지만 주의해 주시기 바랍니다.

첫째, 먹이를 주면 안 됩니다. 안내견은 정해진 시간에 정해진 먹이만 먹도록 훈련을 받습니다. 하지만 안내견도 동물인 까닭에 낯선 사람이 준 것이라고 해도 일단 먹이를 보면 먹이의 유혹에 스트레스를 느끼게 되고, 자칫 먹이를 쫓아 움직일 경우에는 시각 장애인이 위험에 처할 수도 있습니다.

둘째, 쓰다듬으면 안 됩니다. 안내견은 항시 시각 장애인에게 주의를 집중하고 있으므로 다른 이가 집중을 방해하면 스트레스를 받기 쉽습니다.

셋째, 유혹하는 소리를 내면 안 됩니다. 혀를 차는 행동이나 안내견을 부르는 소리 등은 안내견의 집중력을 떨어뜨릴 수도 있습니다. 안내견은 좋은 일을 하는 동물인 만큼 직접 다가가기보다 한 걸음 떨어져 지켜보며 애정과 관심을 가져 주시기 바랍니다.

시각 장애인 안내견은 어디나 들어갈 수 있고 대중교통도 이용할 수 있습니다.(장애인복지법 제36조 3항.)

만일 정당한 이유 없이 안내견을 동반한 시각 장애인의 출입을 거부하면 2백만 원 이하의 과태료 처분을 받게 됩니다.(장애인복지법 제80조 1항 3호.)

안내견은 물거나 짖지 않으므로 위험하지 않습니다. 또한 이동하며 안내하는 상황이 아니면 시각 장애인의 발치에 가만히 앉아 있으므로 택시나 버스, 지하철 등을 이용하는 데 무리가 없으며, 기타 공공시설을 이용할 때에도 다른 이에게 폐를 끼치지 않습니다. 하지만 만에 하나 안내견이 주위에 불편을 끼치더라도, 좋은 일을 하는 기특한 동물이니 부디 넓은 아량으로 이해해 주시기 바랍니다.

흰 지팡이를 대할 때

흰 지팡이는 시각 장애인이 눈 대신 사물을 탐지하는 도구입니다. 그래서 흰색 지팡이는 오늘날 시각 장애인의 눈이자 상징으로 알려져 있습니다. 흰색 지팡이를 쥐고 있는 사람은 시각 장애인이므로 만약 독자 여러분께서 그런 사람을 보시면 어려움을 겪고 있지나 않은지 살피시고, 만약 어려움에 처해 있다면 먼저 다가가 도와주시기 바랍니다.

간혹 시각 장애인이 아닌 듯한데 흰 지팡이를 쥔 사람을 만나더라도 따가운 시선으로 보지 마시기 바랍니다. 시각 장애인이 모두 전혀 보지 못하는 것은 아닙니다. 어느 정도 볼 수 있는 시각 장애인을 '저시력인'이라고 하며, 이들도 역시 시각 장애인에 속합니다. 저시력인은 환경으로부터 자신을 보호하기 위해 흰 지팡이를 가지고 다니기도 합니다.

흰 지팡이는 곧 시각 장애인의 눈입니다. 부디 잡아당기거나 밀치지 마시기 바랍니다. 특히 흰 지팡이를 넘어 다니면 안 됩니다. 흰 지팡이를 건드리면 시각 장애인은 장애물에 걸린 것으로 오해하고 놀란 나머지 걷던 방향을 잃고 맙니다.

안경, 콘택트렌즈, 인공 수정체 등을 착용해도 양안 교정시력이 0.04~0.3이하인 경우, 또는 시야 협착(눈으로 볼 수 있는 범위가 매우 좁은 상태)이 중심 30도 이하인 경우를 저시력이라고 합니다.

방향이나 장소를 물어본다면

　　시각 장애인이 방향이나 장소를 물으면 직접 안내해 주는 것이 가장 좋은 안내법입니다. 그러나 그렇게 하기 힘든 상황이라면 시각 장애인이 서 있는 위치로부터 전·후·좌·우로 몇 미터, 또는 몇 발자국 거리에 찾는 장소가 있다고 가르쳐 주는 것이 좋습니다.

　　이때 손짓이나 이쪽, 저쪽, 여기, 저기 등과 같은 추상적이고 지시적인 표현은 시각 장애인이 알기 어렵습니다. 예를 들어 "아, 지하철역이요? 오른쪽으로 5

미터 가서 다시 왼쪽으로 10미터 가면 됩니다."라고 설명하면 됩니다.

방향을 알려 줄 때 시각 장애인이 목적지와 다른 방향으로 가거나, 시각 장애인 앞에 장애물이 있을 경우 멀리서 말로 지시하는 것은 좋지 않습니다. 마치 리모컨으로 조종하듯 "오른쪽으로 가세요. 아니, 그쪽이 아니라 왼쪽으로 가세요. 조금 더요!"라는 식으로 지시하면 시각 장애인은 길을 찾는 데 불편을 느끼거나 기분이 언짢아질 수도 있으니 되도록 피하는 것이 좋습니다.

길 건너기

시각 장애인은 혼자서 횡단보도를 건널 때 보통 주변의 차 소리가 멈추거나, 같이 서 있던 다른 보행자가 건너는 낌새를 느끼면 따라서 건넙니다. 그러다 보니 종종 상황을 잘못 판단하고 빨간 불일 때 건너는 바람에 위험에 처하는 경우가 종종 있습니다. 그러한 위험을 막으려면 정안인의 도움이 필요합니다.

만약 시각 장애인 혼자 횡단보도 앞에 서 있다면 정안인이 먼저 다가가 도와줄 수 있다고 말하는 것이 좋습니다. 단지 "길 건너실 때 도와 드릴까요?"라고

묻는 것만으로도 충분한 도움이 됩니다. 이때 시각 장애인이 도움을 요청하면 정안인은 "제 팔을 잡으세요."라고 말하며 시각 장애인의 손이나 팔을 살짝 잡아도 괜찮습니다. 이는 곧 돕겠다는 의사를 시각 장애인이 알기 쉽게 하는 행동일 뿐 아니라, 시각 장애인으로 하여금 안내하는 정안인의 팔을 쉽게 찾아 잡을 수 있게 돕는 행동이기 때문입니다.

만약 횡단보도가 아닌 곳에서 도로를 횡단하려는 시각 장애인이 보이면 운전자는 그 사람이 차도를 완전히 지나 인도로 올라설 때까지 차를 멈추고 잠시만 기다려 주시기 바랍니다. 이때 무단 횡단이라고 경적을 울리거나 길을 건너는 시각 장애인 옆을 그냥 지나가면 그 사람은 놀라서 방향을 잃게 되고, 당황한 나머지 위험에 처할 수도 있습니다. 시각 장애인은 앞이 보이지 않아 일반 도로를 횡단보도로 잘못 이해하는 경우가 많습니다. 독자 여러분께서는 이 점을 이해하시고 시각 장애인이 횡단보도뿐 아니라 일반 도로를 건널 때에도 안전하게 길을 건널 수 있도록 양보해 주시기 바랍니다.

문 열고 닫기

시각 장애인이 실내에서 몸을 다치는 원인 가운데 가장 흔한 것은 바로 열려 있는 문에 부딪히는 일입니다. 시각 장애인은 일반적으로 실내에서 흰 지팡이를 사용하지 않습니다. 이러한 특성 탓에 열려 있는 문에 부딪치기 쉬우므로, 시각 장애인이 오가는 곳에서는 문을 항상 닫아 두어야 합니다. 만약 부득이하게 문을 열어 두어야 한다면 문을 벽 쪽으로 완전히 붙여 놓는 것이 좋습니다. 시각 장애인이 가장 부딪치기 쉬운 것은 바로 반쯤 열린 문입니다. 따라서 문이 열린 채로 내버려 두지 않도록 살피는 것이 좋습니다.

시각 장애인이 드나들 때 굳이 문을 열어 주거나 닫아 줄 필요는 없습니다. 다만 "문이 닫혀 있습니다."라고 말하고 시각 장애인이 문손잡이를 잡도록 도와 시각 장애인 스스로 문을 여닫을 수 있게 하면 충분합니다. 정안인이 대신 문을 열어 주거나 닫아 주면 시각 장애인은 문의 위치와 개폐 상태를 알지 못해 문에 부딪치기 쉽습니다. 따라서 시각 장애인 스스로 문을 열고 닫는 것이 가장 안전한 출입법입니다.

유도 블록에 관한 상식

함께 사는 사회에서는 저마다 조화롭게 살기 위해 예절을 지켜야 합니다. 다른 사람의 집 앞에 주차하지 않는 것, 사람은 인도로, 차량은 도로로 다니는 것 등이 그러한 예일 것입니다. 시각 장애인과 정안인 사이에도 서로가 지켜야 할 예절이 있습니다. 그중 하나가 바로 유도 블록 이용법입니다.

많은 정안인이 유도 블록에 대해 잘 모르는 까닭에 자신도 모르는 사이에 잘못된 행동을 하곤 합니다. 인도나 지하철역을 보면 바닥보다 조금 높게 튀어 나온 약 30센티미터 너비의 황색 점무늬 블록 또는 긴 줄무늬 블록을 볼 수 있습니다. 이것이 유도 블록입니다. 유도 블록은 지하철이나 횡단보도 같이 시각 장애인이 자주 이용하거나 안전을 위해 꼭 이용해야 할 곳으로 쉽게 찾아갈 수 있도록 길을 유도하는 역할을 합니다. 즉, 유도 블록은 시각 장애인의 보행로입니다.

그런데 이러한 유도 블록 위에 서 있거나, 유도 블록을 따라 걷거나, 유도 블록 위에 물건이나 차를 세

우는 정안인이 많습니다. 유도 블록은 시각 장애인에게 보장된 보행로이므로 위와 같은 행동은 피해야 합니다. 이런 행동은 유도 블록을 이용해 목적지를 찾아가는 시각 장애인의 보행을 어렵게 할 뿐 아니라, 세워진 물건이나 주차된 차량에 부딪쳐 다치게 할 수도 있습니다. 만약 독자 여러분의 집 대문 앞에 다른 사람의 차가 세워져 있다면 얼마나 당황스럽고 불쾌하겠습니까? 뿐만 아니라 집 안으로 들어가기도 어렵지 않겠습니까? 시각 장애인의 입장에서는 유도 블록을 점유하는 일도 이와 다를 바가 없을 것입니다.

유도 블록은 시각 장애인에게 보장된 보행로이므로 정안인 여러분께서는 부디 사용하지 마시기 바랍니다. 또한 물건이나 차를 세워 두는 일도 피하셔야 합니다. 이러한 행동은 시각 장애인이 걷기 어렵게 할 뿐 아니라 위험에 처하게 할 수도 있으니까요.

물건 사용하기, 정리 정돈하기

시각 장애인의 집을 방문한 정안인이 겉으로 보기에 정리가 안 된 듯한 집안을 주인 대신 정리해 주거나, 쓰고 난 물건을 본래 자리가 아닌 다른 곳에 두는 일이 많습니다. 그런데 시각 장애인은 주로 사용하는 물건을 나름대로 정해 놓은 자리에 두고 쓰기 때문에, 물건의 위치가 바뀌면 도저히 평소처럼 편하게 사용할 수 없습니다. 따라서 시각 장애인의 물건을 사용하거나 집안을 정리 정돈할 때에는 본래 자리에 그대로 두어 주인이 평소처럼 쉽게 찾아 쓸 수 있도록 배려해야 합니다. 부득이하게 물건의 위치를 바꿔야 할 경우에는 시각 장애인에게 양해를 구하고, 반드시 옮겨 놓은 위치를 정확히 알려 주시기 바랍니다.

두 가지 실례를 들어 보겠습니다. 시각 장애인 자녀가 자취하는 집에 어머니가 오셔서 찬장을 정리해

주고 가셨습니다. 그런데 원래 위치와 달리 정안인의 관점에서 보기 편하게 정리하셨습니다. 나중에 시각 장애인 자녀가 찌개를 끓이고 간을 맞추려고 소금통을 찾았지만, 통의 위치가 달라진 까닭에 소금을 찾아 넣을 수가 없었습니다.

어느 시각 장애인의 집에 정안인 친구가 찾아왔습니다. 친구는 무선 전화기를 사용하고 나서 본래 자리가 아니라 그 옆 탁자에 올려놓은 채 아무 말 없이 돌아갔습니다. 그 후 집주인은 전화를 사용하기 위해 오랜 시간 더듬으며 찾아 헤매야만 했습니다.

이처럼 시각 장애인의 동의 없이 물건을 옮겨 놓는 행동은 시각 장애인의 독립생활을 매우 어렵게 하는 일이므로 피하는 것이 좋습니다. 시각 장애인의 물건을 사용하고 나면 본래 자리에 그대로 두시기 바랍니다.

초대하기

정안인이 시각 장애인을 집으로 초대할 때에는 먼저 시각 장애인이 부딪쳐 다칠 만한 물건을 미리 치워야 합니다. 특히 문이나 장식장이 열려 있지 않은지 살펴보고 시각 장애인이 부딪치지 않도록 닫아 놓아야 합니다. 탁자 위에 깨질 만한 물건이 있으면 미리 치워 두는 것이 좋으며, 치우기 힘든 경우에는 시각 장애인이 실수로 깨뜨리지 않도록 위치를 설명하고 시각 장애인이 직접 만져 확인할 수 있도록 도와주어야 합니다. 만약 설명을 듣지 못한 시각 장애인이 실수로 물건을 파손하면, 또 실수할까 염려한 나머지 행동이 부자연스러워질 수도 있습니다.

시각 장애인이 처음 집을 방문하는 경우에는 집 구조와 특징에 대해 설명해 주는 것이 좋습니다. 또 실내에 들어온 다음에는 시각 장애인이 쉴 수 있는 편안한 자리를 설명해 주고 그쪽으로 가는 길을 안내해 줄 필요가 있습니다. 만약 집에서 애완동물을 기른다면 시각 장애인이 예상치 못한 동물에 놀라지 않도록 미리 설명해 주는 것이 좋습니다.

무엇보다 중요한 것은 긴장하지 않고 자연스럽게 대하는 것입니다. 정안인의 자연스러운 태도야말로 시각 장애인을 가장 편하고 기분 좋게 하는 접대 방법입니다.

기타

정안인 중에는 시각 장애인에게 특별한 신통력이 있다고 믿는 사람이 많습니다. 널리 퍼진 그릇된 속설 가운데 대표적인 것이 바로 시각 장애인은 앞을 못 보는 대신 청각이 발달해 정안인보다 소리를 잘 듣는다는 것입니다.

독자 여러분, 눈을 한번 감아 보십시오. 눈을 뜨고 있을 때보다 주위의 소리가 더 크게 들릴 것입니다. 우리 몸은 한 가지 감각에 손상을 입으면 남아 있는 다른 감각으로 이를 보상하는 특성이 있다고 합니다.

그렇기 때문에 눈이 보이지 않으면 청각에 더 집중하게 되고, 그래서 소리를 더 잘 듣는 것입니다. 이는 청각 자체가 발달하는 것이 아니라 청지각 해석 능력, 즉 소리 해석 능력 및 청각의 집중력이 높아지는 것입니다.

많은 정안인들이 시각 장애인은 앞을 전혀 못 본다고 생각합니다. 그러나 시각 장애인 중에는 미약하게나마 볼 수 있는 저시력인도 있습니다. 그러므로 저시력인을 돕고자 할 때에는 전혀 보지 못하는 전맹인과 달리 먼저 보이는 정도를 묻고 그에 따라 돕는 것이 좋습니다.

함께 보면 보여요

1판 1쇄 펴냄 2005년 10월 14일
1판 2쇄 펴냄 2019년 7월 25일

지은이 | 조남현
그린이 | 김대영
발행인 | 박근섭
펴낸곳 | 판미동

출판등록 | 2009. 10. 8 (제2009-000273호)
주소 | 06027 서울 강남구 도산대로 1길 62 강남출판문화센터 5층
전화 | **영업부** 515-2000 **편집부** 3446-8774 **팩시밀리** 515-2007
홈페이지 | panmidong.minumsa.com

도서 파본 등의 이유로 반송이 필요할 경우에는 구매처에서 교환하시고
출판사 교환이 필요할 경우에는 아래 주소로 반송 사유를 적어 도서와 함께 보내주세요.
06027 서울 강남구 도산대로 1길 62 강남출판문화센터 6층 민음인 마케팅부

© 조남현, 2005. Printed in Seoul, Korea
ISBN 978-89-8273-515-8 13330

판미동은 민음사 출판 그룹의 브랜드입니다.